JN437757

참, 좋은 대통령

참, 좋은 대통령

지은이 · 김강호
펴낸이 · 유재영
펴낸곳 · 동학사

1판 1쇄 · 2016년 12월 20일
출판등록 · 1987년 11월 27일 제10-149

주소 · 04083 서울 마포구 토정로53 (합정동)
전화 · 324-6130, 324-6131 | 팩스 · 324-6135
E-메일 | dhsbook@hanmail.net
홈페이지 | www.donghaksa.co.kr
www.green-home.co.kr

ISBN 978-89-7190-582-1 03810

참, 좋은 대통령

김강호 시조집

Sijo Poems by Kim Kang Ho

동학사

■ 서문序文

선명하게 새겨지는 역사의 복판에서 촛불을 든 232만 명의 민중이 소리쳐 묻고 있다

"이게 나라냐?"

2016년 12월 3일

차례 김강호 시조집

01

02

03

04

05

06

01

참 나쁜 대통령

촛불집회

삶에 지친 사람들
야윈 어깨 맞대고

갇혔던
울분들을
촛불로 피우고 있다

인왕산
봉우리 보다 높게

불빛 첩첩
함성 첩첩

박타령

박 덩굴이 젖을 물린 박 후리러 가보세

발음마다 또박또박, 왕 실장 말에 꼬박꼬박, 경거망동 경조부박, 앞에 두고 찍는 면박, 말끝마다 드센 구박, 갈 곳 잃은 유리표박, 으름장을 놓는 겁박, 가벼운 입은 경박, 품위를 잃은 천박, 입 뾰루뚱 노상 타박, 차별심한 하후하박, 등 터지게 갑론을박, 짜고 쳐서 터진 대박, 찬비 맞고 사는 비박, 안방마님 사모하는 친박, 조롱당하는 조롱박, 부두에 묶여 정박, 엎드려 납작호박, 있는 듯 없는 무박, 없는 듯 있는 유박, 맹렬하게 용호상박, 정신 줄을 놓다 깜박, 허울 좋은 통일 대박, 쓰리고 외치다 피박, 교만에 빠져 자승자박, 앞날이 희미한 희박, 단박에 깨진 쪽박, 저승길까지 동행 옥박, 일촉즉발 상황급박...

박도 참, 징허네 그려 좋은 디끼 나쁜 디끼

후회

"내가 이러려고
그녀에게 투표 했나?"*

알량한 양심 접고
도장 꾹 누른 손을

단박에
자르고 싶어
절규하는
광장

---

* 박대통령 2016년 11월 4일 10시 30분 대국민담화 내용 중 "내가 이러려고 대통령을 했나" 패러디

** 패러디(parody) : 기존 원본에서 따와서 재생산해 사용하는 콘셉트다. '잘 알려진' 원작을 비틀어 풍자적으로 새로운 메시지를 만들어 내는 문학의 한 표현 형식이다. 이는 '대응 노래(counter-song)', '파생적인 노래'라는 뜻의 고대 희랍어 'parodia'에 그 어원을 두고 있다.

2016년 12월 3일

추운 밤 자존심 상한
232만 개돼지*가

짖고 꿀꿀 거리며
축사를 뛰쳐나왔다

사람이 되고 싶어서
사람노릇 하고 싶어서

---

* 2016년 7월 나향욱 교육부 정책기획관이 기자들과 교육부 관계자들이 참석한 모임에서 "대중은 개돼지다. 무시하면 그만이다." 라고 발언했다.

JTBC

단두대 아래서 조여 오는 압박감을

기어이 떨쳐내고 전조등을 밝히자

어둠이 무너져 내린다 민심이 폭발 한다

십상시*

권력 앞에
눈이 멀어
환관된
세상이다

입만 살아
너덜해진
깊은 숲
구궁궁궐

오늘도
만화방창이라
지는 해가
짧구나

* 십상시(十常侍)는 중국 후한 말 영제(靈帝) 때에 정권을 잡아 조정을 농락한 10여 명의 중상시, 즉 환관들을 말한다.
역사서〈후한서後漢書〉에는 십상시들이 많은 봉토를 거느리고 그들의 부모형제는 모두 높은 관직에 올라, 그 위세가 가히 대단하였다고 쓰여 있다. 특히 그들의 곁에서 훈육된 영제는 십상시의 수장인 장양(張讓)을 아버지, 부수장인 조충(趙忠)을 어머니라 부르며 따랐다.

문고리

붙잡고 늘어져라
누구도 넘볼 수 없게

손아귀에 움켜쥐고
세상을 휘둘러라

보아라 이것이 힘이다
네가 당해 보겠느냐

지록위마* 1

"법치주의 죽었다"고
당당하게 말하는 판사**

지록위마 시대에
후련한 대쪽을 본다

쪽방엔
머리가 땅에 닿도록
아첨하는
조랑말들

---

* '사슴을 가리켜 말이라고 한다'라는 뜻으로, ①사실(事實)이 아닌 것을 사실(事實)로 만들어 강압(强壓)으로 인정(認定)하게 됨 ②윗사람을 농락(籠絡)하여 권세(權勢)를 마음대로 함

** 2014년 9월 12일 현직 김동진 부장판사가 원세훈(63) 전 국가정보원장의 공직선거법 위반 혐의에 무죄를 선고한 서울중앙지법 판결은 "상식과 순리에 어긋나는 지록위마(指鹿爲馬)의 판결"이라고 강하게 비판했다.

지록위마 2

'도식적이고 기계적인 형식논리' 평을 본다*

"술 마시고 핸들을 잡기는 했으나 음주운전을 할 목적이 없었고, 능동적으로 한 건 아니며, 미리 그럴 계획을 세운 건 아니기 때문에 음주운전은 아니라고 판정하는 거"

공포에 사로 잡혀서 말言 못하는 벙어리 세상

* 2014년 9월 13일 토요일 한겨레신문에서 인용

지록위마 3

군림하고 싶어서
발버둥 치는 욕망들이

호랑이 때려잡아
이빨 뽑아 버리고

악취에 찌든 마구간에서
힝!힝! 거리는 깊은 밤

홍어

바다가 무너질 때
음탕하게 퍼질러져

미친 듯 빨아들였을
블랙홀의 아가리

감춰진 눈 먼 시간이
비릿하게 삭았다

쿠테타와 혁명 사이

'그녀는'을
'그년*'으로
줄여 쓴 건
쿠테타다

'그년'을 '그녀는'으로 돌려놓는 혁명을 하라

---

* 지난해 2015년10월22일 박 대통령은 청와대에서 새정치민주연합 문재인 대표와 이종걸 원내대표 새누리당 김무성 대표 원유철 원내대표와 함께 만났다. 이 자리에서 박 대통령은 이 원내대표에게 "아까 뵈니까 인상도 좋으시고 말씀도 잘하시는데 예전에 저보고 그년, 이년이라고 하셨잖아요. 근데 오늘처럼 말씀 잘하시면 인기가 더 좋아지고 잘 되실 텐데…. 인물도 훤하시고…, 왜 그때 이년, 그년 이러셨어요? 제가 깜짝 놀랐잖아요"라고 말했다. 물론 정색하고 한 얘기는 아니다. 이 원내대표는 "어휴, 그때는, 뭐, 죄송했습니다. 사과드립니다"라고 답했다고 한다.

박 대통령이 회동 말미에 꺼낸 이 원내대표의 '그년' 발언은, 2012년 8월 이 원내대표가 트위터에 올린 글의 한 대목이다. 당시 이 원내대표는 새누리당 안에서 불거진 '공천헌금' 논란에 대해 자신의 트위터에 "그들의 주인은 박근혜 의원인데 그년 서슬이 퍼래서 사과도 하지 않고 얼렁뚱땅…"이라고 썼다. 이 원내대표는 당시 막말 논란이 불거지자, 처음엔 '그녀는'의 줄임말이라고 했다가, 조그만 아이폰을 쓰다 오타가 났다고 말을 바꾼 뒤 "본의 아닌 표현이 욕이 되어 듣기에 불편한 분들이 계셨다면 유감입니다"라고 사과했다. 박 대통령은 이를 잊지 않고 3년2개월여 만에 얼굴을 맞댄 자리에서 사과를 받아낸 것이다.(관련기사: http://goo.gl/DWP8vQ)

괴리에
얽힌 저 거리
쿠테타와
혁명 사이

아집

흑단보다 질긴 저것 오징어보다 질긴 저것

한번 물면 놓지 않는 오기 짱짱 독한 저것

목숨 줄 끊어진 뒤에도 결코 놓지 않을 저것

참 나쁜 대통령*

노 대통령
개헌제안을
받아친 그녀 말이

한 순간
부메랑 되어
턱밑까지 날아 왔다

닥쳐도
정녕 못 믿느냐
뒤집힌
남불내로**

* 2007년 1월 9일 노무현 대통령의 '개헌 재안'에 대해 당시 박근혜 의원은 '참 나쁜 대통령'이라고 말했다.

** 남이하면 불륜 내가 하면 로맨스의 줄임말

개탄慨歎

궁민窮民 밟는
대통령 있고
그 위에
순실 있다

이게 나라냐?

도가니에
끓는 남들

외쳐도 기척이 없는
모르쇠 저,

철면피

악의 꽃

독재의 밑뿌리가
길어 올린 줄기에서

화사한 듯 피운 꽃에
날아든 꽃과 나비

독기에 몸부림치며
돌아섰다.

탄핵 가결!

02

찍어내기

리셋증후군*

중독에 절여진 판
한번 쫙 밀어버려?

달아오른 뇌는 이미
탄핵에 달라붙었다

닫혔던 빗장을 열자
번져가는 함성소리

---

* 컴퓨터가 오류를 일으켰을 때 시스템을 초기화 상태로 되돌리는 일을 뜻하는 '리셋(reset)'과 증후군을 뜻하는 '신드롬(syndrome)'의 합성어이다. 컴퓨터를 초기화시키듯 현실세계에서도 잘못되거나 실수한 부분이 있으면 얼마든지 리셋이 가능할 것으로 착각하는 현상을 가리킨다. 주로 컴퓨터에 친숙한 세대에서 나타나며, 일부는 심각한 범죄로 이어지기도 한다.

왕매미

우듬지
왕매미가
끓는 땡볕
더 달구며

길 아닌 길을 끌어
허공에 깔고 있다

쯔르르
쯔르르르르
숨 턱! 막히는
한 낮 폭염

옻 단풍

대명천지
난간에

달아오른
잡것이

불타는
몸뚱이로

천지사방
휘젓더니

한 순간
톡, 떨어진다

자괴감에
빠진 입동

독기

돌아선 놈
죄다 잡아
골마리 까고
뒤져라

이든 벼룩이든
샅샅이 잡아내라

그래도
깨끗하거든
먹물 적셔
벗겨라

동문서답

서민눈물
굳어져서
소금이 되옵니다

그 소금
다시 쌓여
소금 산이 되옵니다

날더러
뭘 어쩌라고
그 소금
다 먹으라고?

고 백남기 선생

물대포로 순직한
망자에게 그물 씌우고

악어 눈물 흘려주는
잔인한 정치꾼 보며

불신의 깊은 뿌리가
지구를 뚫고 나갔다

공약

헐값의
공약들이
물구나무
서 있다가

에둘러서
좌르르
쏟아지고
민망한 듯,

텅텅 빈
메모장 속엔
핏발세운
목울대

콩 타작

햇볕에
나오기 싫어
몸을 자꾸
감추는 놈

어둠의 집
벗어나기
그토록
두렵더냐

자 이제
뛰쳐나와라
도리깨
들어간다

블랙리스트

희디흰
목련꽃을
송두리째
꺾어버린

세상 밝힐
음반에
코뚜레
묶어 놓은

시그널,
환장할 세상
지직-거리며
잘도 돈다

찍어내기

우직하게 버티고 선 대나무를 찍어냈다

명쾌한 소리 몸통 송두리째 찍어냈다

진실을 다 찍어 내고 쓰러진다 거푸 집

소름 돋는 자리

까맣게
덧칠해서
더러워진
저 자리

독사보다
독이 올라
독 밖에
없는 자리

슈퍼문*
탱탱한 밤에도
암흑 같은
저 자리

---

* 슈퍼문 〔super moon〕 달이 지구와 가장 가까워졌을 때 나타나는 크고 밝은 보름달. 달이 지구를 타원형 궤도로 공전하다 지구와 가장 가까워졌을 때 보름달이 뜰 경우 평소보다 밝고 크게 보이는 현상.

흔들리지 않는 꽃
– 권은희 수사과장*

태풍불고
번개치고

빛 한줄기 없지만

공포에
에워 쌓인 꽃

흔들리지 않았다

참 곱다
눈물겹도록

저 꽃이 진짜
꽃이다

* 대한민국 제18대 대통령 선거를 8일 앞둔 시점인 2012년 12월 11일에 '국정원의 대선 개입 사건'이 발생하였고 당시 수서경찰서 수사과장으로 수사를 담당했다. 대한민국 제18대 대통령 선거 이후 국정원 국정조사 청문회가 열렸고 청문회에 출석하여 서울경찰청장 김용판으로부터 수사 외압을 받은 바 있다고 진술했다.

빙벽

거대한
저 아성을
무너뜨릴
방법이 없다

갈수록 더 두껍게
얼어붙는 겨울 빙벽

햇살을 차단시킨 채
어둠 먹고
살찌는 벽

혹한기

매서운
발톱에 찍혀
숨만 겨우
깔딱이는 새

울음마저
사치여서
눈만 멀뚱
뜨고 있다

전범의
독수리들이
몰려 사는
혹한기

새벽을 위해

교만에 가득 차 우는
"닭 모가지 비틀어"*라

"그래야 새벽이 온다"
밤 지새는 민중들

탄핵의 고삐를 쥐고
가슴 졸이는 민초여!

---

* 고 김영삼 대통령 연설문에서 차용

광장

슬픔이 녹아있다
울분이 흐르고 있다

독재의 진동로라에 으깨지던 절규가

찬란한 꽃으로 핀다
피는 소리 뜨겁다

03

때로는

산케이 신문에 대한 아주머니의 일갈

"지덜이나 잘하지 남일 가꼬 지랄여? 어디서 일곱 시간 죽을 쒀도 우리 대통령여! 아베나 잘하라고 혀! 왜 남 나라에 지랄여?"

풍뎅이

눈이 휘뚝
뒤집힌 채
제자리만
돌고 있다

설 수도
날아갈 수도
죽을 수도 없어서

노랗게
맴도는 하늘
회오리치며
돌고 있다

방아깨비

제발 좀 놓아달라고 몸부림을 치는데

저놈은 여리디 여린 다리를 움켜쥔 채

연거푸 방아를 찧어보라며 키득키득 거리고...

서슬 댁과 유 씨 양반

독기 서린
말 화살을
입 속 가득
쟁여놓고

얇은 입술
시위 당겨
쏘아대는
서슬 푸른 댁

온몸이
만신창이 되어도
웃어넘기는
유 씨 양반

때로는

겨자씨 보다
작은 꽃잎이

앞산 보다 클 때가 있다

작은 새
울음소리가

천둥보다 클 때가 있다

막힌 귀
끌어당겨서

뚫어야할
때가 있다

민중이 쏜,

뭇 화살이
어둠 뚫고
빛을 향해
날아간다

철커덕
잠근 양심
빗장을
열어젖히고

마지막
보루였던 과녁
지금 당장
드러내라

그믐달

밤하늘
풀무질해서
녹여낸
빛 한 덩이

괴리의
검은 몸통
단칼에
자르기 위해

서슬이
푸를 때까지
담금질하는
그믐 밤

댓글

저잣거리
난리판에
교묘하게
감쪽같이

지하에서
시궁창에서
시커먼
독방에서

문고리
잠그고 달아놓은
댓글 꼬리가

쥐꼬리?

맞짱

맞짱 한 번
떠 보려고
울음 꿩꿩 날렸다가

서슬 푸른
독수리 앞에
머리를 쳐 박는 꿩

푸드득!
날개 찢기는 소리
광장을
흔들었다

탈

몸이 타서
숯덩이 됐다

손톱 발톱
흔적 없다

끌려가서 감쪽같이
주검으로 사라져간

그 흔적
다 덮어놓고

웃고 있는
짐승 탈

양파

까고 까도 끝이 없는
공작 정치 악취 끌고

유신부터 사악하게
미친 듯 썩어 왔다

지옥에 뿌리 내리고
"우리가 남이가?"

비리

우듬지
카멜레온
혀를 주욱
잡아당기자

비리가
뒤엉겨서
산더미로 따라 나온다

놀랍다
철썩 달라붙어
공생하는
진드기들…

검은 입

보란 듯
당당하게

거칠 것 하나 없이

만인 앞에
보여주는

청문회 선서의 흑심

백지가
먹지 되도록

덧칠하는
독한 입

검은 비

때로는
검은 비가
내리는
날이 있다

인수봉과 여의도
재벌빌딩 지나며

찌들고
썩은 양심 헹궈
뿌리는
날이 있다

토룡

지렁이
우글거리는
두엄 속
그들 세상

썩었다
다 썩었다
썩고 또
더 썩었다

덮었던
거적 더미를
걷어내는
입동 무렵

절명

잘 익은
밤톨이듯
톡, 떨어져 외마디 울음

서러움
대신해서
울부짖던 매미가

울음 문
걸어 잠그고 들어서는

열반.

04

진도 가는 길

수평저울

애초부터 그 중심을
잃어버린 수평저울

힘 있는 쪽으로만 다 쏠려 들러붙고

반대편 빈자리에는
약자의 긴 한숨 뿐

바다의 일상

수
직
을
단
숨
에
베
어
수평으로 눕혀두고

차오른 교만 주머니
뒤집어 씻으면서

행여나
곪고 썩을까봐

파도치며
살고 있다

세월호

어둠에
번개 긋듯
엄마 찾던
절규와

자식 잃은
엄마의
넋 잃은
절규가 만나

뜨겁게
엉겨 붙어서
메아리치는
진도바다

히어리*

봄 보다
먼저 와서

노란 꽃등
밝혀들고

시름하는
진도바다

슬픈 행간
밝히고 있다

긴긴 봄
무너지는 소리

---

* 조록나뭇과의 낙엽 관목. 높이는 1~2미터이며, 잎은 어긋나고 달걀꼴의 원형으로 끝이 뾰족하며, 밑은 움푹 패어 있다. 줄기에는 겹질눈이 많으며, 4월에 연한 노란색을 띤 녹색 꽃이 총상(總狀) 화서로 핀다. 열매는 삭과(蒴果)로 9월에 익으며 검은 종자가 있다. 우리나라의 특산종으로 지리산에 분포한다. (Corylopsis coreana)

바다 벼랑
신음 소리

진도 가는 길

사월을
더듬거리며
기듯 가는
진도길

뻐꾸기야
울지 마라
산이란 산
다 무너질라

앙가슴
차오른 눈물
바닷물보다
많나니

변방

외쳐도
기척 없는
변방의
땅이든가

단식으로 쓰러져 누운
세월호 가족 곁에

울돌목
자갈소리가
넋을 잃고
우는
광장

밤栗

칼보다 날 선 눈을

부릅뜬 하늘 아래

가시 속 권좌들의

음모는 늘어 간다

몸통을 잡고 흔들어

털어 버리고 싶은

밤

늑대 치기 그녀

입만 열면 거짓이
주렁주렁 열렸다

진실이 증발된
일그러진 그녀 냄비엔

오리발 문어발 낙지발
다갈다갈 끓고 있다

감정노동자

비울 것
다 비워서
이젠 더
비울 것 없다

속 창시
긁어내고
웃고 있는
목어처럼

오늘도
풍랑 앞에서
눈물겹게
반짝인다

풍경風磬

멀어서
가 닿지 못할
민주民主는 먼
그리움의 강

한 방울
눈물마저
말라버린
가슴을 때려

다 닳아
소리 없을 때까지
울어야 할
슬픈 운명

독버섯

지하에
초점을 잃고
마뜩잖게
사는 노인

화끈하게
달아올랐던
오적五賊*을
저당 잡히고

세월이
할퀸 그 자리
곰팡이만
웃자랐다

* 김지하 시인이 비판의 대상으로 삼고 있던-재벌, 국회위원, 고급관료, 장차관, 장성 등.

매화

추울수록
더 맑게
향기를
피워내는

고매한
깊은 품에
회초리가
한 다발

어둠이
품어보려다
피멍 깊게
들었다

복수초

바위보다
단단하게
굳어있는
결빙을

천지사방
걸어 잠가
짓누르는
어둠을

기어이
뚫고 나와서
함성 지르는
입술들

훈장

다 썩어
곪아터져
흐르는
피고름을

훈장처럼
달고 사는
왕 실장
권좌를 치며

번개가
섬뜩 스쳤다
벼락이 곧
올 차례다

살신성인*

학교와
상가 사이
긴박했던

단, 몇 초…

대형 참사
피하기 위해
놓지 않은

조종간操縱杆**

거룩한
저 희생 앞에
겹쳐지는

세월호

* 2014년 7월 17일 광주 수완지구에 헬기가 추락하여 5명의 소방관이 숨졌다. 정성철 기장의 살신성인 정신으로 대형 참사를 피할 수 있었다.

** 조종사가 항공기의 비행 방향과 운동 방향을 조종하는 막대 모양의 장치. 또는 그 장치의 손잡이.

05

사자방

비정규직

노동에
일그러진
자화상을
보다가
희망을
한줌 넣고
불에 얹는
양은 냄비
성한 곳
한 곳 없는 것으로
또 한 끼를
버틴다

세 모녀의 죽음*

70만원
월세 남기고

세 모녀가 죽었다

추한 길
걸어 갈까봐

깨끗한 길
들어섰다

가난에
온 몸을 떨며

* 서울 송파구에 거주하던 세 모녀가 생활고로 고생하다 2014년 2월 방안에서 번개탄을 피워 놓고 동반자살한 사건이다. 지하 셋방에서 살던 세 모녀는 질병을 앓고 있는 것은 물론 수입도 없는 상태였으나, 국가와 자치단체가 구축한 어떤 사회보장체계의 도움도 받지 못했다. 이들은 2014년 2월 마지막 집세와 공과금 70만 원, 그리고 죄송하다는 내용의 유서를 남기고 자살했다.

벼랑톱*에

살다가…

* 벼랑들이 쭉 늘어선 곳.

땅콩 회항

오, 여기 전능하신 땅콩의 내공이여

그는 능력이 탁월하여 기세가 하늘을 찌르고 모든 승무원들을 무릎 꿇릴만한 권세가 있고 비행기도 마음대로 멈추게 할 능력이 있으며 한동안 회항시켜 발을 묶어둘 만큼 기세가 등등한 자라 고객은 다 양 같아서 각기 침묵하며 잠잠 하였거늘 그의 갑질은 세상을 주무르고도 남음이 있었도다 너희가 철갑을 두르고 핏대를 세울 때마다 하늘은 가슴을 찢으며 슬피 울고 있었느니라 땅콩이여 눈물뿌리며 회개하라 너희는 잠시 머물다가 배설되어 버리느니라

오, 여기 배설물만도 못한 망측한 갑질이여

오리발

권좌에
넘쳐나는
수천억
꿀꺽 삼키고

통장에
있는 돈이
29만원뿐이다?

어쩔꼬
까만 오리발이
휘젓고 있는
암흑기

지강헌의 외침

유전무죄
무전유죄*

탄알 같은 외침이

다연발로
날아와

벌집을 만들었다

왜 그리
끊지 못하느냐

---

* 1988년 10월 8일, 서울특별시 영등포교도소에서 충청남도 공주교도소로 이감되던 중 지강헌(池康憲)을 비롯한 미결수 12명이 집단 탈주한 뒤, 9일 동안 서울 시내 한복판에서 인질극을 벌이며 경찰과 대치하다 자신들끼리 의견 차이로 다툼을 벌인 끝에 서로 상대방을 쏘아 자살하거나 경찰에게 사살 또는 검거된 사건을 말한다. 주범 지강헌은 인질극을 벌이는 와중에 '유전무죄 무전유죄'라는 말을 남겨 그 무렵 한국 사회의 세태를 꼬집기도 하였는데, 한때 이 말이 널리 유행하기도 하였다. 이 인질극을 바탕으로 한 영화 '홀리데이'가 2006년 1월 19일에 개봉되었다. 〈출처:네이버〉

더러운
연결고리

고문拷問

몸이 타서
숯덩이 됐다

손톱 발톱
흔적 없다

끌려가서 꼼작 못하고
주검으로 사라져간

그 흔적
다 덮어놓고

웃고 있는
짐승 탈

사자방*

누가 감히
들여다보랴
맹수의
사자방을

할퀴고
물어뜯고
찢어발긴
악취의 방을

철옹성
벽을 둘러쳐
걸어 잠근
저 방을

* 이명박 정부에서 저지른 비리 (4대강, 자원외교, 방산비리)

화려한 거짓

4대강
로봇 물고기
헤엄치며
잘 다닌다?

낚시도
물지 않고
강물 속을
다 읽으며?

썩어서
문드러지는 강
고장 없이
잘 다닌다?

탈출기

목숨 걸고
넘어라
까마득한
저 댐을!

녹조에
절여진
몸뚱이를
뒤틀다가

끝내는
배 뒤집으며
썩어가는
.
.
.
물고기

황금 노역*

짠하다
어르신네
사는 게
참 짠하다

하루 푼돈
5억짜리
황금 노역이라니

난 지금
조조兆兆 할인해서
영화 보고
오는데

* 일당 5억짜리. 수백억 원대 벌금을 내지 않은 채 교도소 노역장에서 작은 일거리로 죄 값을 때우는 재벌들의 행태. (예)벌금 249억 원을 노역 49일로 탕감

그라인더

불의를
보고서는
견딜 수 없는 운명

뒤틀린 비리들을 몸 바쳐 깎아낼 때

보아라
환하게 솟는
저 분신의
불꽃을

친일親日

침략자에
빌붙어서
찬양하던
조부 보고
부끄러워
고개 떨군
할미꽃은
못될망정
당당히
호위호식하며
군림하는
하이에나

열도에 경고함

탐욕으로
커 오른
교만한 입
쩍 벌리고

반도를
송두리째
삼키려는
저, 열도

오천만
날 선 눈빛이
쓰나미로
달려간다

군함도

10km
지하갱도에
화석으로
굳어져 있을

강점기 조선사내
통한의 삶을 본다

장착된
증오 한 발이
관통하는
군함도

관례

731

전투기 타고 포즈를 취했었던

A급 전범

노부스케 외손자 아베에게

'각하'*라

불러드린 건

'관례'이기 때문에…

---

* 한일의원연맹 회장 자격으로 참석한 황우여 새누리 대표 연설 중 "아베 신조 총리 각하, 오늘 총리 각하께서 말씀하셨듯이" 라고 함

06

희망마술사

빛 좋은 개살구

꿈까지
따라 다니는
노동의
수탈 전화

거대한 S 전자회사
엔지니어 최씨가

갑질을
견디다 못해
이승의 끈
놓았다

봉숭아

여름나절
달아올라
탱탱하게
차오른 소문

으뭉한
그 소문 듣고
안달나
못 견디더니

터트려
다 까발리고
또르르
말린 입술

약자의 슬픔

헛되다
헛되도다
헛되고
헛되도다

말벌들의
침입에
초토화된
일벌 집

허리를
질끈 동여맨 삶
한 순간에
저렇듯…

발뺌

정치에 관여했지만
대선개입 아니다?

술은 마셨지만
음주운전 아니다?

요즘 뜬
사이버 홍수

안녕들 하십니까?

AI*

한 마리
감염되면

수만 마리
살 처분 되는

이 영역 비참함을
어떤 말로 변명할까

닭들이
쪼아댄 하늘
구멍 숭숭
뚫렸다

---

* Avian Influenza : 조류에 서식하는 인플루엔자 바이러스에 의한 전염병

아프리카 주린 아이

힘없어
제 몸 하나
못 가누는
아이가

사과 한 개
들 힘없어
반쪽만
받아 쥐고

쓰러진
동생 입 속에
겨우 씹어
넣고 있다

신비한 귀

높은 사람
큰 소리는

안 들리는
교황*님 귀

작고 여린
소리들만

들리는
신비한 귀

오늘도
채반만한 귀는

아픔 가득
담는다

---

* 프란치스코 교황

알란 쿠르디*

휴양지
바닷가에
주검이 된
세 살배기

한바탕
지구촌
심금을
쥐어뜯는다

* 알란 쿠르디(아랍어: إيلان الكردي, 영어: Alan Kurdi, 2012년 ~ 2015년 9월 2일)는 시리아의 쿠르드계 세살배기 어린이이다. 시리아 내전으로 인해 가족들과 함께 유럽으로 이주하던 중 지중해에서 배가 난파되었고 터키 보드룸의 해변에서 사망한 채로 발견되었다. 터키의 언론사 도안 통신(터키어: **Doğan Haber Ajansı, DHA**)이 공개한 해변에서 죽은 사진의 모습은 국제적으로 큰 파장을 일으켰다. 도안 통신의 기자 닐류페르 다미르의 쿠르디 사진 한 장으로 인해 유럽 전체의 난민 정책이 바뀌게 되었다. 이에 다른 국가들도 이를 받아들이고 전 세계가 난민에 대한 부정적인 반응을 보이지 않게 되었다. 많은 네티즌들은 이에 대해 "전 세계의 잘못으로 한 아이가 죽었다", "이는 우리 모두의 잘못" 등의 반응을 보였다. 출처(위키백과)

사랑할
조국이 있어
눈물겹게
행복한 나

소쩍새

한지 문에 젖어드는
선연한 저 울음 빛

이 앙다문 이육사*가
서러움을 감당 못해

긴긴밤 피를 토하며
눈멀도록 우는 갑다

---

* 독립 운동가 시인, 일제 강점기에 끝까지 민족의 양심을 지키며 죽음으로써 일제에 항거한 시인.《청포도(靑葡萄)《교목(喬木)《광야曠野》등과 같은 작품들을 통해 목가적이면서도 웅혼한 필치로 민족의 의지를 노래했다

비움

죽음을
무릎쓰고

움켜쥐려
하다가

내안의 날
내려놓으니

세상이
참 부시다

텅 비운
마음 복판에

종요로운
작은 꽃

혹한

동짓달
섣달그믐
모두 얼어붙는다

입과 귀
날 선 신문
떠도는 소문까지

그립다
법정 스님의
속삭임 같은
무소유

찔레꽃

어둠의
복판에서 핀

희망의
노래라 하자

못 견디고
혀를 깨문

열사의
향기라 하자

한줄기
희망을 긷는

암흑기
악보라 하자

필리핀 어린 꽃들

임신한
어린 꽃들
봄별을
쬐고 있다

한국인
애비가
누군지도
모르면서

속없이
히죽거리며
슬픈 웃음
짓고 있다

희망 마술사

마술사가 모자를 벗더니 모자 속에

전쟁과 테러와 공포와 독재와 위선과 탐욕과 가난과 병마를 집어넣고 눈 깜작할 사이 보이지 않는다

지금쯤 태양계를 막 벗어나고 있으리라

■ 결문結文

둔탁한 시를 엮은 마음이 무겁다.

인위적인 재앙은 탐욕에서 비롯됨을 깨닫는다. 작은 것에 만족하고 감사하는 마음을 가지는 게 얼마나 소중한 일인가.

막강한 권력은 오직 국민을 위하여 써 달라고 국민이 부여한 것이니 국민을 위할 것이며, 넘치는 부富는 남의 몫을 내가 더 가져 왔음으로 남에게 베풀라는 뜻이리라.

거짓과 독선은 행악을 부르고 부패는 망국을 부른다. 오직 자신만을 위하고 자신의 앞길만 밝히는 무능한 위정자爲政者는 이미 이방인이다.

"욕심이 잉태한즉 죄를 낳고 죄가 장성한 즉 사망을 낳느니라"

비수보다 푸른 촛불이 죄목을 밝히는 밤 성경 한 구절을 음미하며 새벽을 향해 걷는다.

2016년 12월 민주광장에서